Ingeborg Huberti, Erkrath 2002
Herausgeber: Irene-Cordelia Huberti und
Franz-Hermann Huberti
Fotografien: Almut Schulz-Koepchen und
Irene-Cordelia Huberti

Alle Rechte liegen bei der Autorin

ISBN 978-3-8334-7567-2
Herstellung und Verlag:
Books on Demand GmbH, Norderstedt

FERNBLICK

ALLEGRO VIVACE

Frohe Winde,
ich grüß euch!
Eure linde
Kühle verscheuch'

Hehre Süchte
aus schwülen Träumen,
schwere Früchte
aus müden Bäumen!

Reißt die erschlafften,
gilbenden Blätter,
die bange haften,
ins raue Wetter!

Dumpf Behagen
in Wiesenwärme
aufzujagen,
ruft Wolkenschwärme

in leere Bläue,
lasst sie sich drehen,
neue und neue
plustern und blähen!

Mit dickem Leibe
Die Sonne verdrängen
Und Schatten treiben,
das Land verhängen !

Bis der heiße
Strahl gekränkt
mit glühendem Gleißen
sie zersprengt !

Treibt zusammen
sie wieder vor,
schwarz verrammeln
das Strahlentor.

Jagt und hetzt sie
durch weite Himmel hin.
Packt, zerfetzt sie
nach eurem Sinn !

Wehn und Wehen
von Nichts zu Nichts...
Wie einzusehen
die Weisheit eures Verzichts.

SCHATTENRUF

Wer noch horcht
Auf den Schattengang
Dämmernder Himmel,
wenn im Westen
grau der Tag schmilzt,
wenn das Horn des Mondes
seine Klage anhebt,
Lachen und Weinen
In Schlaf taucht?
Wo ein Ohr,
das im Anhauch des Stummen
die verwehende Botschaft empfängt?

FLÖTENKLÄNGE

Beseelt vom Atem des Leidenden
steigt aus der Flöte
einfachem Holz
Hoffnung und Trost,
weckt im Innern des Horchenden,
zitternd und stark,
Antwort, Widerhall.

ALTE EICHE

Über Weizengold, Ährengeflüster
reckst du dich hoch in den Raum
waldfern wachsend. Nirgends Geschwister.

Winde mit fremder Himmel Gewicht
Wollen in deinem Wipfel wohnen,
doch deine Zweige halten sie nicht.

Blättern und Blüten der Winde Raub,
aber die Lieder aus fernen Zonen
rauschen in deinem schauernden Laub.

GEBIRGSSEE

Über der nachtblauen Tiefe
tanzende Sonnenringe-
segelt der Adler
singen Gestirne

AUFTRIEB

Tunneldunkel, Schluchten,
nebelschwer.

Aufstrebt, aufsteigt,
windet, rankt sich
junger Trieb.

BLAUER REITER

Aus dem Nebel,
blauer Reiter,
ohne Huflärm -
Zweige tropfen, singen,
Vogelrufe,
Niederungen, waldwärts.

Dunst und Qualm,
blauer Reiter,
unter dir,
ohne Hufschlag,
flügellos, wohin ?
Lichtwärts, gipfelwärts.

Atem holen,
blauer Reiter,
gipfelnah.
Quellen singen,
Weite lockt,
Wind von weither redet
mit den Felsenhäuptern.

Folgen,
blauer Reiter,
deiner Fährte
Weg - und Richtungslose,
lichtwärts, gipfelwärts ?

FERNBLICK

Schaun in die Weite
blaudämmernder Wälder
besänftigt das Herz.
Im Blick nach Morgen
hämmert es hart.

UMWÖLKT DIE HÄNGE

Umwölkt die Hänge.
Rufen vom fernen Ufer
verschlang der Nebel.

WELLE UM WELLE

Welle um Welle
bricht, zerschellt an der Klippe.
Den Fels stürzt das Meer.

STERNENKLÄNGE

Frequenzen, fast unhörbar,
durchsurren, durchschneiden
die Lieder, dunkelalt.

Aus fernen Sternenwinden
einfließt in Nervenströme
zukünftiges Singen.

SILBERSTERNE

Horch und sieh, eben geht
auf dem schattendunklen Beet
schweigend eine Blüte auf.

Flügel leise weitgemacht,
aus des Kelches blauer Nacht
Silbersterne steigen auf.

Abendwehn umfächelt sie,
nun erstaunt und lächelt sie
zu dem Sternenbruder auf.

In allen Weiten
leuchtender Schnee.
Kindhaftes Gleiten.
Blinkender Schnee.

In himmlischen Räumen
Gleißendes Licht.
Kindhaftes Träumen
Watend im Licht.

Schauen und Staunen:
Verwunschener Tann.
Wipfel wispern, raunen.
Wunder bricht an.

TANKA

Überquellendes
Duften springender Knospen
Im Licht sich weitend.

Rasch erschöpft ihre Blühkraft.
Fülle beengt und Verlust.

SIESTA

Kein Dohlenschrei.
Sie kreisen nicht.
Die Amseln schweigen im Laub.
Die Katze rührt sich nicht.
Nur Kinderrufe
durchschneiden die Glutstille.
Das grelle Leuchten mildert
ein Wolkenband.

GRÄSER

Halme zahllos
wachsen, überwachsen,
wuchern, überwuchern,
bergen und verbergen
Namen, Traum und Grab.

HERBSTBLÄTTER

Zarte Fächer
weitgespreizte Finger,
helles Grün und Herbstesgold.
Aus dem Weg gefegt, im Schlamm
Modernde Platanenblätter.
Achtlos weggefegt, zertreten.

Nur die Blätter?

IM BAUCH DES WALES

Die Fischlein wispern:
In Sonnwellenringen,
werde ich baden,
das Trübe, das Seichte
wandeln ins Leichte,
schlingernde Fischlein
verschlingen.

ST.MARTIN

Die Martinskinder tragen
ihr Lämpchen vorm Gesicht,
voll Angst, es löscht der Wind.
Besorgte Mütter sagen:
„Gib acht, verbrenn dich nicht!
Daß Wachs nicht auf den Mantel rinnt."

Sankt Martin vorn, nach altem Brauch
Im Mantel rot auf zahmem Schimmel.
Die Bläser dröhnen frostig grell.
Die Kinder hört man manchmal auch.
Am Marktplatz löst sich das Gewimmel,
Laternen schwenkend, schnell.

Nun ziehen sie von Haus zu Haus.
Bald brummelt's, bald tönt's zart und hell.
Sie singen fleißig, singen schnell,
und manchmal geht die Puste aus.

Sie spüren Wind und Kälte nicht,
Lampions in heißen Händen,
ziehn ernst, mit glühendem Gesicht.
Da heißt es, freudig spenden.

Arm sind sie nicht, sie wollen nur
 am nächsten Tage sagen:
"Mein Beutel war bis oben voll."
"Den Korb konnt' ich kaum tragen!"

WEGE (GEDANKEN EINER MUTTER)

Wege, bezeichnet, befohlen, gebahnt,
erst befolgt, später umgangen.
Dann hast du selbst deinen Weg geplant
Zwischen Hoffen, Irren und Bangen.

Wege durch Wälder, Dörfer und Fluren.
Wind und Lied in den Ohren.
Suche nach gangbaren Spuren,
wenn du die Richtung verloren.

Wie der Weg sich verzweigt,
zur Entscheidung dich zwingt.
Schau, wohin der Pfeil zeigt.
Ob das Ziel dir dort winkt ?

FÜR MEINE TOCHTER. RAMSAU 1987

Wandern, Schauen, Verstummen.
Durch Wiesen, Wald und Moor.
Im Grase Sirren, Summen,
der Sommerfäden Flor.
Wie Echslein, Grillen fliehen,
Tauperlen glitzern, sprühen.
Steig froh und leicht empor.

Wandern, Horchen und Schweigen.
Vom Tal weht Glockenschlag.
Die tiefen Träume steigen
und drängen in den Tag.
Der Flieger Silberspur
im leuchtenden Azur.
Mach alles dir zu eigen.

Wandern, Schauen und Lauschen.
Das feine Lied der Meisen,
des Windes sanftes Rauschen
verwebe mit der leisen
Musik in deinem Innern.
Erfahren und Erinnern
klingt auf in deinen Weisen.

Dein Fuß darf nicht ermatten,
noch steilan musst du steigen,
bis du aus Waldesschatten
trittst in die Felsregion.
Sieh, wie nach allen Seiten
Sich Matten, Täler breiten,
des Anstiegs heitrer Lohn.

Himmelan streben

HIMMELAN STREBEN

Fort von dem Widrigen,
Nichtigen, Niedrigen.
Hoch überm Tal
schwerelos schweben?

Am Boden kleben
bleibt ohne Wahl
die große Zahl.
Das Leben
es bleibt banal.

BRENZLIGER GERUCH

Sie aalten sich, lasen,
rückten den Liegestuhl
nach der Sonne.

Da roch etwas,
sie schraken auf,
roch nach verstecktem Unheil.

Erleichterung
warf sie
zurück in die Polster:
Der Brandgeruch kam
aus der Nachbarschaft.

Lauer Wind, der leicht
Schmeichelnd dich umstreicht:
Freundlichkeiten seicht.

Im scharfen
Fernenwind
verwehen die Stimmen.
Das Echo
verhallt.

FREIHANDEL

Netze auslegen,
Fischzug in allen Meeren,
freier Handel mit
Öl, Uran und Wasser.
Frei verfügen über
Steppen, Urwald, Wüste.
Freier Handel mit
Genen, Organen, Menschen.

Freier Lustgewinn,
freie Meinungsmanipulation,
freie Enthüllungspresse.

Freier Fall.

ENTWÜRFE

Skizzen, Entwürfe...
In den Container.
Fragment dein Wollen,
Denken, dein Lieben.

Entelechie
birst und zersplittert.
Lüge Vollendung -
Fragment dein Leben.

Was wir sammeln und raffen,
zerschmilzt, zerrinnt.
Was wir planen und schaffen,
Sand und Asche im Wind.

Den Unrat fegt
ihr klebrig Schmutzgefieder,
wenn sie die Krumen sucht.
Sie geifert, scheucht die Spatzen.
Im Straßenstaub,
im Ruß verkam
die weiße Taube.

ÖL

Das Schwarzgold wirft
glanzstarrendes Gefieder
und Fische, bäuchlings,
auf kranken Sand.

VOM JAHRMARKT WEG

Gekreisch, Gedudel,
Lustschreie, Schrillen
der Karusselle.

Im Tunnelschacht
Zugluft feuchtkalt,
Modriger Ruch.

Woher – wohin?
Wann aus dem Finstern
schimmert es licht?

WAS HEISST LEBENSQUALITÄT ?

Sonnenbaden, Zeit vergessen?
Tanzen, feiern, jazzversessen,
bis der Hahn am Morgen kräht?
Heißt das Lebensqualität?

Reisen, speisen, schnabulieren?
Schwadronieren und poussieren,
sich mit neuer Mode zieren?
Sich in Trance, im Rausch verlieren?
Heißt das Lebensqualität?

Auf dem Sportfeld triumphieren?
Malen, hämmern, tirilieren?
Wenn der Wind die Segel bläht,
auf das Meer, an fremde Küsten?
Ist das Lebensqualität?

Doch da zeigt sich auch Entrüsten:
Anspruch, der den Neid der Armen säht.
Heißt das Lebensqualität?

IN DEN CONTAINER

Zerbrochene Spiegel,
zersprungnes Kristall,
Intarsien aus Nußbaum,
gespalten uns splitternd,
verquollene Akten.

Matratzen und Betten,
den Schweiß der Verliebten,
Vermächtnis des Vaters,
Familiengeschichte,
die Bilder der Kinder,
die Träume, die Tränen,
Erinnern und Wissen
entrümpeln, entsorgen.

Tanzt ein Drachen,
weht und wendet
sich im Abend.
Widerschein von
duffem Rot
schimmert im Westen.
Über schwarzen Wipfeln
Mondprofil,
stumm beredt.
Starkstrommasten schreiten
weitgespreizt zu Tal.
Drähte schwirren.
überm Talgrund
schwerer Qualm,
dichtes Dunkeln.

Auf Bahngeländen,
auf weißen Wänden
die bunten Klecksereien,
vom Frust sich zu befreien.

In Kunstmuseen
Die Zeichen der Zeit
Nicht zu umgehen,
Blechdosen machen sich breit.

Highlife suchen alle, Spaß
Konsumkultur,
wie faß ich's nur ?
Sag, was ist das ?

Es zeigt, wohin die Reise geht.
Um umzusteigen, auszusteigen,
ist es zu spät ?

Vertrauend Plaudern.
Was gilt es, worüber...
Auffangen, zurück den Ball,
geübter Wurf hin- und herüber...
schießt manchmal über das Ziel,
verstört, zerstört das Spiel.

Gegen Straßenlärm, Gestank,
gegen Motorheulen, Zank,
gegen Schwermut, Einsamkeit
Geige, Piano, Gesang.
Gegen den Glockenschlag der Zeit
Pélérinage, gegen die Zwänge
Winterreise, Ernste Gesänge...

Bücher auf allen Tischen
Gegen die Ängste, die Scherzen,
gegen die Leere im Herzen
aufgeschlagen, zwischen
Gedichten und Satiren,
Texte zum Wärmen, zum Frieren.

Nicht mehr sich empören,
Lesen, Hören.

Klangwellen, leicht und licht,
Gewölk, das Wind vertreibt:
Das folgenlose Gedicht.
Warum einer schreibt,
wofür er ficht,
hat kein Gewicht.
Nichts bleibt.

Sie schreiben um zu rufen, um
zu fragen, um zu gelten,
zu vergelten,
Lärm zu schlagen,
wollen sich finden,
vergewissern,
nicht ersticken

Bei aller Diskretion
Kunst bleibt indiskret.

DREI AFFEN

Nicht die Salven hören,
der Verletzten Schreie,
Flüche und Gebet Verzweifelnder,
Schluchzen Heimatloser und Verwaister.
Taub sein.

Nicht die roten Lachen
Auf dem Pflaster sehen,
Elende vor Brandruinen hocken,
Flüchtende, gepfercht auf Wagen.
Blind sein.

Keine Überlieferung,
Kein Bericht. Vergessen.
Taub, blind, stumm.

EULENWEISHEIT

„Frau Eule," piepst die kleine Maus,
„legt mir bitte die Zukunft aus.
Was lest Ihr in den Karten?
Bleibt mein Mäuserich mir getreu?
Kann ich ihn lieben ohne Reu?
Soll ich noch länger warten?
Und wieviel Mäuslein werd' ich tragen?
Wird uns der Bauer nicht verjagen?"
Der Eule Augen werden größer, runder.
„Deine Zukunft willst du wissen?"
Soviel Dummheit nimmt mich wunder.
„Schnappen wird dich keine Falle,
fassen keine Katzenkralle.
Bist du auch ein magrer Bissen,
dies dein Schicksal, Eulenschmaus."
Aus.

Zeit ohne Zeit

DIE KERZE

Kein Auflodern, kein Flackern,
ermattendes Leuchten.
Still verzehrt sich der Docht.

Alles schwindet
aus dem Gesicht ins dumpfere Fühlen.
Keimt es und wächst es und reift?
Löst es sich heimlich, entweicht
aus kristallnem Flacon kostbarer Duft?

ES TUT NOT

Es tut not, daß einer sich erhebt,
aus der Fron in finstern Mauern
ausbricht, fremd, aus engen Gassen
in den reinen Hauch der Wälder strebt.
Plötzlich überkommt ihn dort ein Schaudern
und ein Schluchzen, daß er Gott verloren.
Spürt erschrocken, daß er lebt.
Ein paar Menschen folgen aus den Toren.
Es tut not, daß einer sich erhebt.

BOAT PEOPLE

Auf Barken, auf Flößen
das bange Erwarten der Landung-
Wohin von den Wogen getrieben ?
Wohin von den Ufern verstoßen ?

Untilgbar die Tränen
der Waisen, verschleppt, vertrieben,
in fremder Kälte zittern,
in fremder Sprache stammeln.

Unsagbar die Angst
Vorm nahen Sonnenaufgang
In den Kerkern der Folterer

Unkennbar, verätzt
In die Grube geworfen,
zufällige Opfer des Terrors.

ALTE IN RONDA

Schrittunsicher
bückt sie sich,
schmutzgrauer Rock
streift übers Pflaster,
Strähnengrau
Fällt übers Auge,
sie bückt sich, sucht,
findet nicht,
sucht und findet
eine Kippe.

In mir das Kind
Bräche Blumen zum Strauß,
liefe querwaldein,
schickte Luftballonpost
in den Sommerwind.

In mir der Greis
aber weiß:

In der Vase bald
blättert der Strauß und stinkt,
quer durch den Wald
kein Weg, kein Ziel.
Luftballon
schrumpft und sinkt.

Wie zu entflechten
das Knäuel verschlungener Fäden?
Wie lösen den Knoten?
Zerreißen, zerschneiden?
Was bleibt?
Fetzen.

Wunden, die schwären,
vernarben langsam.
All die Lügen und Halblügen.
Eingebrannt in die Haut
Argwohn, Zweifel,
Pfeile der Zwietracht.

MEDEA II

Die Griechinnen, sieh, wie Blumen in bunten Gewändern,
im Auge den Glanz von sonnbraunen Rebengeländern.
Wir müssen ihnen nachsehn, Jason.

Die Düfte der Gärten harrn auf ihr Kommen und drängen,
sich in ihr Haar mit den lauen Lüften zu hängen.
Bald wirst du ihnen nachgehn, Jason.

FORTUNA

Rudimente, Ruinen
Runen unlesbar im Fels
Schwanenruder
über versunkener Stadt.

In den Schwüngen des Rades
Steigen und Fallen.
Hoch gestiegen – hoch gerissen
abgesunken – abgeschmettert.
Unverrückbar
die Augenbinde.
Blind gebietet die Göttin.

Den Purpurbecher hebt
Er stumm an die bleiche Lippe,
der trauernd trunkene Gott.
Er lächelt in die stumpfe Glut,
er nickt der Schattenzeichnung zu.
Schwer sinkt sein Haupt
ins Armgebirge,
in Traumesmantel
gräbt sich's ein,
trinkt Schlaf.

Menschenfackel, Glut,
die Empörung nährt,
in der Ohnmacht Wut
sich verzehrt.

Sich dem All zu einen,
stürzt sich frommer Mut
in des Ätnas Herd.

Spruch tilgt nicht noch Weinen
das vergossene Blut
von den Steinen.

Wo Dionysos
seinen Leib zerreißt,
in der Rebe Sproß
keimt der Geist.

Nicht alles durch die schwarze Brille,
das Positive sehen,
es geht bergauf, Sisyphus.

AUSKLANG

Sie klatschen nicht Beifall, Augustus.
Sie johlen nicht, pfeifen nicht.
Sie wenden sich ab,
sie trinken ihr Bier,
gehen über zur Tagesordnung,
entwerfen, planen,
vergessen.

Raunende Galerien,
Stimmen der Alten.
Jahrhundertflüstern.
Bewahren und Weisen.

Bauen aus Trümmern,
aus dem Schutt der Geschichte
über den Gräbern.

Ich las, entzifferte,
suchte zu deuten...

Buchstab auf Buchstab
verblaßt. Erloschen
die Zeichen. Schwarz
starrte die Tafel.

Ziffern, Runen, Ornamente...
Findest du den Schlüssel,
redet der Stein.

STERBEN

Die Zeit fließt über dir,
schwemmt über dein Gesicht,
löscht Namen, Tun und Stimme,
löst Flechtwerk auf und
Traumgespinst und kühlt,
und Well um Welle geht
und du versinkst
in Sand und Schlick und Sand
und schwindest ohne Siegel, ohne Spur.
Die Dünung über dir
treibt Sand auf Sand.

Grab ist erst, wo Stein und Kreuz zerfielen,
Spuren in begrüntem Weg geschwunden,
summende Insekten nur umspielen
letzten Kranz, von lahmer Treu gewunden,
der an dem vergessnen Ort verdarb,

wo im überwuchernd wilden Rasen
die erloschnen Buchstaben versinken,
aus zerbrochnen, umgestürzten Vasen
ohne Furcht die scheuen Vögel trinken,
Grab ist erst, wo Liebe starb.

ZEIT OHNE ZEIT

Eiserne Spur
Dröhnen und Rasen
durchschneidet das Blau.

Blechharscher Lärm
zerscheppert das Singen
aus Wiesen und Hain.

Gleißender Strahl
zerreißt die Waldnacht,
schreckt Rehe zu Flucht.

Anderes Zeitmaß
wähltet ihr
oder wählte es euch?

Mühloser nicht
durch die Schnellkraft
wird euer Weg.

Liebe verkümmert
und krankt mit den Birken
im Gifthauch der Straßen.

Schwerer wahrt
das Herz sich, das Selbst.

SPIELEwortSPIELE

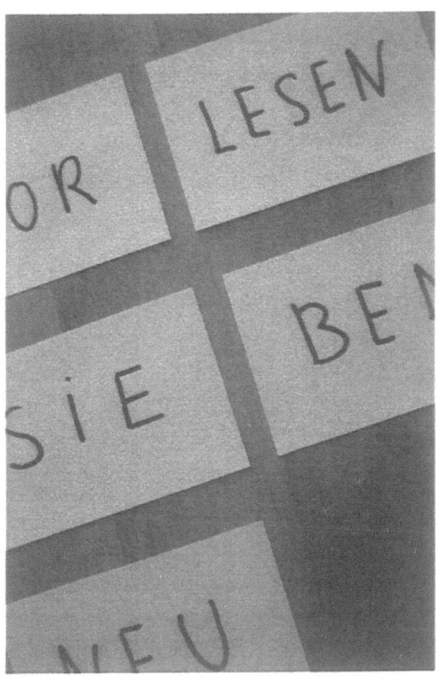

SCHACH

Spiel ich mit der Sprache?
S I E zwingt mir den Zug auf,
fetzt meine Steine vom Feld,
bietet mir Schach.
Schlage ich Springer und Turm,
schaff ich mir Bahn, -
am Ende
setzt sie mich matt.

EINE WABE

eine wabe

ein widerspiel   ein widerhaken

das

eine woge   eine wolke

WORT

ein webfaden   eine wurzel

eine WAFFE

LEBENSWORT

Leben
im wort
leben
durch das wort
leben
gegen das wort
leben
für das wort
leben
nach dem wort

WORTKUNST

STICHWORT – WORTSTICH
LUSTWORT – WORTLUST
SCHLACHTWORT – WORTSCHLACHT
MACHTWORT – WORTMACHT
DUNSTWORT – WORTDUNST
KUNSTWORT – WORTKUNST

KUNST WIE STUNK

kunstsinn und kunstliebe
finden
kunstjünger, kunstkenner, kunstgönner,
kunstfälscher und kunstdiebe,
kunstgaffer und kunstverächter,
kunstkritiker, kunstschlächter.
kunstkammer –kunstjammer
stunk, nicht kunst
kunstsalon und salonkunst,
kunstmarkt und marktkunst
gibt kunstmesse und messekunst,
gibt kunsthandel durch handelskunst.
kunstlicht gibt lichtkunst,
kunstwort nicht wortkunst.
müde kunst macht kunstmüde,
kunst wie stunk.

HABENICHTS

Ich habe nichts zu verschenken.
Ich habe nichts zu verkaufen.
Ich habe nichts zu sagen,
nichts zu verbergen,
nichts zu beweisen,
nichts zu bestreiten.
Ich habe nichts zu verlieren, nichts zu hoffen.
Ich habe nichts zu hinterlegen,
nichts zu hinterlassen,
nichts hinzuzufügen:
Ich Habenichts.

GELD ODER LIEBE

Geld oder Liebe
Liebe und Geld
Geld gegen Liebe
Liebe ohne Geld
Geldliebe
Liebes Geld
Liebe gellt:
Liebe

JAGEN

jagen sie jagen
nach geltung nach geld
jagen nach lust nach liebe jagen
nach leben jagen nach leben
jagen menschen jagen

DIE NEINSAGER

Ich geb' nicht nach,
ich geb' nicht zu,
ich geb's nicht her,
ich geb' nicht auf.

Ich nehm's nicht hin
ich nehm's nicht auf mich.

JASAGER

Ich nehm' es wahr,
ich nehm'es hin,
ich nehm'es auf mich.
Ich geb' es zu,
ich geb' es her,
ich geb' es euch.

EINERSEITS - ANDRERSEITS

Einerseits nachbeten, nachlaufen,
andererseits vorbeten, vorlaufen.

Einerseits festhalten, einhalten,
andererseits nachhalten, aushalten.

Einerseits nachspüren, nachdenken,
andererseits vorspüren, vordenken.

EINER

einer sagt aus
einer verschweigt

einer bezeugt
einer bestreitet

einer reißt ab
einer baut auf

einer gibt vor
einer gibt nach

einer greift an
einer greift ein

einer schlägt aus
einer schlägt zu

einer stürzt ab
einer steigt auf

KEINER

keiner horcht auf
keiner nimmt's wahr
keiner befragt es
keinem versagt es die stimme
keiner hält es auf.

NIEMAND

niemand hat recht
niemand trägt schuld
niemand durchbricht seine schranken
niemand entgeht seinem schicksal

niemand ist niemand

ES FÄLLT
das Tor, die Entscheidung.
Es fällt der Springer, das Pferd.
Es fällt der Stein, der Stern.
Es fällt der Dollar, die Aktie.
Es fällt die Schranke.
Es fällt der Schuß, der Soldat.
Es fällt das Urteil, das Beil.

VER-...

Das Sprungbrett verfehlt
Die Chance verspielt
In Trotz sich verrannt
Die Stunde versäumt
Die Welt vergessen
Das Herz verloren

Den Anschluß verfehlt
Den Einsatz verspielt
Den Einspruch versäumt
In Träume verrannt
Den Schlüssel vergessen
Den Kopf verloren

Die Richtung verfehlt
und weglos verrannt
Die Liebe verspielt
Das Leben versäumt
Die Zeit vergessen
Die Sprache verloren

Nicht hingehört
Nicht zugehört
Nicht umgehört
Nichts gehört

PARTNERSCHAFT

nebeneinander
zueinander
miteinander
füreinander
ineinander

gegeneinander
durcheinander
auseinander
aus

BEKENNTNIS

BEKENNTNIS

Nicht Vater, nicht Mutter,
nicht Richter noch Rächer -
Schöpfer, Beweger,
Erhalter, Alliebender,
Logos, Energie...

Du sollst dir
kein Bildnis machen,
kein Gleichnis
vom Unnennbaren, Unfaßbaren,
Unbegreiflichen.

Kein Bildnis,
kein Gleichnis.

In Demut befolgen
das Liebesgebot,
das Menschenmaß
erkennen.

Je finstrer die Nacht,
um so heller leuchten die Sterne.

Nicht durch Ausdehnung der Tageszeit,
nicht durch Raffen und Horten
gewinnst du die Fülle des Daseins –
durch die Kraft des Liebens und Schauens.

GRÜBELN BETEN GRÜBELN

Sternenlos
Schwarz die Nacht
Grübeln beten grübeln
Waldkauz ruft
Fluglärm fern
Grübeln beten grübeln
Schwarz die Nacht
Waldkauz ruft
Grübeln beten
Dämmern
Vogelrufe

FRAGEN

Fragen, wilde Tiere, Fragen,
wollen dir ins Antlitz springen.
Wutgeschärfte Krallen schlagen
Wunden tief ins Hirn.
Harte Demut heißt, in enger Stirn
die gestaute Raubtierkraft zu zwingen.
Nicht verzerren darf ihr Toben wild,
streng in unser Blut verriegelt,
tiefer Sehnsucht lichtes Bild
und sein Lächeln unentsiegelt.

BETEN

flehen
danken
fragen

danken
fragen
flehen

fragen
danken
flehen

Die mit zerbrochenen Flügeln
nahmst du in deine Hand,
wärmtest und pflegtest sie,
nahmst du in deine Hut,
bis sie davon
in die Freiheit flogen.

Ins Prisma der Liebe sammeln
die Farben, die Strahlen der Erde.

Der kalte Verstand kann unterscheiden,
auseinanderlegen,
nicht zusammenführen.

Misstrauen
macht scharfsinnig,
nicht weitsichtig.

ABSEITS

Ich spreche nicht eure Sprache,
ich teile nicht euer Urteil,
ich denke nicht eure Gedanken.

Vom Nichtwissen ausgehöhlt,
von Zweifeln und Fragen,
führt jeder Irrweg
zurück zu mir.

SYLVESTER 1946

Glaubt nicht, es sei ein Leichtes, Dome zu bauen,
wie unsre frommen Ahnen sie einst schufen.
Dazu bedarf es jahrelang Vertrauen,
eh nur der Grund gelegt und erste Stufen.

Doch ehe zum Portal die Pfeiler steigen,
der Strebebögen, der Figuren Schwung
einreihn die Heiligen in ihren Reigen,
bedarf es inniger Begeisterung.

Eh sich der strebende, der hohe Bau
In glockenreiner Kuppel Klang genügt,
bedarfs der Andacht und der Innenschau,
bedarfs des Meisters, der ersinnt und fügt.

Eh Kuppel, Türme himmelwärts aufragen,
eh Fensterbögen, hoch gespannt und kühn
in Licht ertönend, und die Rosen wagen,
die Sonne in den Dom hinabzuziehn,

bedarfs des Meisters, der in schwarzer Nacht
das Licht in sich beschwor, in Dankbarkeit,
erschauernd vor der unbegriffnen Macht,
sein Planen, Leben, Werk dem Höchsten weiht,

bedarfs des Gottes, der in eure Nächte
sich neigt und lauscht auf eures Pulses Schlag,
bedarfs des Gottes, der die dunklen Schächte
in stummer Arbeit zuwirft, eh es Tag,

daß nicht das Auge im Erwachen bange
die aufgespaltne Erde sieht voll Grauen,
daß man nach fremden Händen furchtlos lange,
wie Kinder tun, voll Zuversicht, Vertrauen.

Glaubt nicht, es sei ein Leichtes, betet, harrt,
ob ihr des Gottes Nahesein empfindet.
Wenn er sich blendend, flammend offenbart,
versucht ihn auszuhalten. Dann erst gründet.

EIN STERBENDER

Die Augen spähen, bangen, fragen :
Wie lange noch ?
Die Blicke, die mich scheu abtasten,
ihre Angst ertrag ich nicht.
Im Spiegel der andere :
Aus eingesunkenem Fleisch
Der Schädel, hochgewölbt die Stirn,
die Augenhöhlen fremd,
der schlaffe Hals.
Wär ich im Bunker einst verschüttet,
der Schädel vom Schrapnell getroffen,
beim Sturz vom Pferd zertrümmert.
Nun dies mir aufgetragen,
dies Schmerzensfegefeuer,
dein Wille, Herr,
dein Wille !

Die Älteste schleicht ernst, behutsam
Durch meinen Nachmittag.
Sie dämpft die Stimme.
Die Kleine nur
quengelt und jauchzt wie immer,
sie flüchtet scheu vor mir
auf Tantenschoß.

Nachts neben mir, die liebe, treue,
rückt näher nicht,
liegt wach und horcht gespannt,
wenn mich der Schmerz durchrüttelt,
der Dämon würgt.
Sie streichelt nur noch Stirn und Wange,
trostlos tröstend.
Kein Schmiegen mehr und kein Umschlingen.
Die Spritze, Schlaffheit, Schlaf
und nicht mehr denken nicht mehr fühlen,
wie es in mir
brennt, frisst.
Noch einmal Morphium, das mündet
in den letzten
Schlaf, ihr Lieben,
Erlösung auch für euch.

Nur Fragmente
Ersinnt der Geist.
Aus dunkler Geburt
schweift er
in dunkleren Tod.
Splitternder Sternspur,
Aufleuchten, Verglühn.

UNERGRÜNDLICH

Dank stürzt auf zu dir,
dunkles Licht,
Söhne knien vor dir,
blind vor Licht.

Haupt, gebeugt von Schuld,
Stirn, von Gram zerfurcht,
Noch zuckt Ungeduld,
flackert Furcht.

Die sich losgesagt,
Hybris, Übermut,
nicht nach dir gefragt,
halt' in deiner Hut.

Flehen, Knien und Neigen,
Laß den Weg uns finden,
unergründlich Schweigen,
an dich binden.

Wärm' uns, hüll uns ein,
die Verzweiflung auch,
in den Widerschein,
Hauch von deinem Hauch.

LIEBE UM LIEBE

Dies ist mein Vermächtnis
Eurem Gedächtnis:
Liebe, nur Liebe.

Treue um Treue,
drin ihr geborgen
geht in den Morgen.
Treue um Treue.

Nachsicht und Güte
Helfen, zu leben.
Verstehen, Vergeben.
Nachsicht und Güte.

DEINE HAND - MEINE HAND

DU

Du bist nicht alt, du bist nicht jung.
Du bist nicht häßlich, nicht schön.
Du kannst des Windes Wellen in den Birken,
das Fließen des Wassers in dich aufnehmen;
Du kannst dich auf Gipfel, die du begangen, hinaufträumen,
du kannst deinen Kopf auf meinen Leib legen
und fühlen, daß er dir still hält.
Du kannst mit deinen fühlenden Händen
mich sanft betören.
Du kannst mit deinen Lippen,
mit deiner Zärtlichkeit
mein Inneres berühren.

Frag nicht nach dem Alter,
frag nicht nach dem, was dir versagt ist.
Du bist du,
das ist das Tiefste, was du je erfahren kannst.

ZU DIR

Wege zu mir –
Plötzlich tut sich ein neuer Pfad auf,
ein nie betretener,
umfängt mich dein Auge,
stürz ich in dein Gesicht,
erstaunt,
dich Überraschende.

MIT DIR

Stille suchten wir, Waldeskühle,
flohn wir aus der Stadt, ihrer Enge und Schwüle,
wanderten um verschwiegene Seen,
über Geröll zu sonnenheißen Höhen.
Mit dir, den Fernblick betrachtend, verweilt,
mit dir Brot und Wein geteilt.

FÜR DICH

Nur ahnen, was dir fehlt,
was dich erfüllt, beseelt.
Nicht wissen, was dich kränkt,
dich traurig macht, bedrängt.
Nicht wissen, was du vermißt
und ob du einsam bist.

Zieh nicht deine Fühler ein,
Gott mit dir, du bist nicht allein.

UNSERE BRÜCKE

Über des Tales Tiefe
über dem flüchtenden Strom
Brücke von dir zu mir.
Schrift des Flusses lesen
Hand in Hand
aufwärts schauen
blauschimmernde Höhen.

Wie die Sonne sich rötet
zögert
Auge in Auge
ahnen im Rücken
Schatten und Nacht.

Unter dem Lichtkreis schwingt,
über dem Abgrund trägt
unsere Brücke.

WINDBRÜCKE

Von Berg zu Bergeswand
sind Trifte ausgespannt -
nirgends ein Weg.

Allein der lose Wind
hebt Leichtes auf und lind
baut er seinen Steg.

Baut ihn ganz aus Duft.
Aus dem Wipfelhaar
wirft er Tannenluft.

Dunkler Wurzelruch,
der ins Helle schlug,
und ein Blühn im Waldgrund, unscheinbar.

Baut ihn unsichtbar,
eine leise Spur
grüßt von Berg - zu Bergeshaupt ein Wehen,

wie sonst nur
unsichtbar
über Tiefen von Gefahr
hoch des Herzens leise Wege gehen.

Hell leuchtend deine Bahn.
Ich irr auf dunklen Straßen.
Licht war dein Nahn,

da wir uns maßen
in unserm Brennen
allein im Sternenraum,

wie im Erkennen
wir uns vergaßen,
weiß nur der Traum.

Wie Glut in Glut sich goß,
uns das Erkennen
wie Schoß umschloß.

Hell strahlte deine Bahn.
Ich irr auf dunklen Straßen.
Licht war dein Nahn.

WIEDERERKENNEN

Dein Gesicht
schmaler, strenger,
verlor seinen Liebreiz,
den lächelnden Charme,
strenger, fremder, doch
sprechend von dem,
was dich bewegt.

Ein Blick noch, ein Hauch.
Verhallend, fern der Chor.
Einebnende Stille.

Saatkornleicht
Sinken in
Blutdunkle Schollen.

Noch eine Weile
Flügeln, summen
In deinen Träumen,
Nachtgedanken.

Noch eine Weile
In den Zweigen flüstern,
im Hauch der Rosen
von dir, zu dir.

DISTANZ

Der Umriß verschwimmt.
Noch hör ich,
vom Wind zerpflückt,
dein Rufen.
Die Ferne wächst.

Umarmung, rascher Kuß und fort und weiter
der Abstand wächst,
unkenntlich bald, kaum sichtbar noch,
verblaßt im Fernendunst.
Vorbei, vergessen. Ausgelöscht
Gesicht und Stimme.

SCHWIERIGER BRIEF

Wann ich, - was ich,
ob ich schreibe?
Wie ich schreibe?
Nicht verletzen,
nicht entlasten,
nicht beschwichtigen,
nicht belasten,
nichts vertuschen,
nichts verschlimmern.
Unmißverständlich,
unwidersprechlich,
eindeutig,
versöhnlich!
Ob ich schreibe?

DER WEG MIT IHM

Wenn auch fragend,
auf ihn zu,
wenn auch zagend,
schwindelnd gehen.
Zugluft, Sog und Wehn.
Den Ausgang
nicht sehn.

STROPHE

Nicht geweinte Tränen sickern
tief in ungewollten Traum,
heiß in unruhvollen Schlaf.

Worte, ungesagt, versteinern.
Sie versteinern, Kies, Geröll,
Chaos Blut- und Nervenbahn.

GEGENSTROPHE

Lieder, ungesungen, hallen
durchs Gemäuer, Beben, Schwingen,
Glockensummen, Läuten.

Nicht gelebte Liebe bordet
über, strömt ins Weite, flutet
um die Einsamen.

DEINE HAND

Deine Hand, meine Hand –
meine Hand in deiner Hand.
Zögernd faß ich sie, suche
deine Wärme, suche
Antwort.
Fühlt deine Hand,
warum sich meine in sie schiebt?
Flüchtiges Wild
sucht Schutz im Dickicht,
erschreckter Vogel
birgt sich im Laub.

SPÄTHERBST

SPÄTHERBST

Birkengold, versengt, Kastanienfinger,
Platanenbraun, Blutbuchenrot,
Wind treibt Blätter auf – wohin?
Kauzruf im kahlen Geäst.

Sturm tanzt und singt ums Haus,
rüttelt am Fensterladen der einsamen Alten.
Träume, verwirrt, verwirrend,
wecken vergeßne Begegnung,
Angst, Flucht,
verworrene Bilder.
Knarren, krachende Äste.
Sturm tanzt und singt ums Haus.

Laut durch die Nacht tönt der Sender.
Eingeschlafen der Greis
Wie schon oft vor dem schrillen Krimi,
nun aber nach dem Herzschlag,

dem dumpfen Fall zu Boden
tönt der Sender durch die Nacht fort,
bis der Pfleger am Morgen
nach dem Arztruf das Gerät ausstellt.

Reif auf den Zweigen, Eisblumen am Fenster.
Vor dem Kaminfeuer starren sie
In die zerfallenden Scheite.
Sprühen. Starren in zerplatzendes Holz.
Keiner spricht.
Zerfallende Scheite.

Schneeschleier in den Kronen,
Schneeschmelze auf den Wegen.
Den steilen Pfad hinauf wie jeden Tag
Hechelt, keucht sie zum Grabe,
vorsichtig auf dem glatten Sand.
Dort verschnauft sie, grübelt, fragt,
schüttelt den Kopf,
die klammen Finger zum Gebet gefaltet.
Mühsam der Abstieg.

An das Geländer klammert sie sich,
frierend erreicht sie die Straße.
Bei Glatteis kann sie morgen nicht zum Grab.
Martinshörner.
Krachende Äste vorm Haus.
Um den Tisch hocken sie, löffeln, schlürfen,
halten mit zitternden Händen den Becher,
starren wortlos aufs stumpfblickende Gegenüber.

Kein Lächeln. Anschweigen.
Krankenwagen? Feuerwehr?
Martinshörner.

Krähenschwärme, Krähenschreie.
Ihr Schreien stört, verstört die Nachbarn,
durchdringender als der Wind ums Haus,
ihr Schreien, nicht zu beschwichtigen,
erst durch die Spritze der Nachtschwester
kehrt Ruhe ins Heim.
Krähenschwärme, Krähenschreie.

Nebelschwaden, schwer, dicht.
Verschleiert die Rosen, die Sträucher.
Verschwommen die Nachbarhäuser, Laternen.
Vergeblich greift er nach dem Stummel,
begierig auf den Rauch,
den es seit Jahren nicht mehr gibt.
Vergeblich bläst er, greift er, spitzt den Mund.
Die Aussicht, Voraussicht verdeckt,
Nebelschwaden unterm Fenster.

Sie schreibt und schreibt, an die Tochter, an die Söhne,
schreibt und schreibt.

Jeden Morgen wartet sie
Am eisbeschlagenen Fenster, der Haustür,
gestützt aufs vereiste Geländer.
Der Postbote vertröstet sie.

Martinslieder aus der Ferne.
Trompeten.

Die Tochter hört es, hält die Hand der Mutter fest.
Die stammelt: "Else," stammelt, weiß nicht.
Tochter, Schwester?
Stammelt, weiß nicht.
Martinslieder aus der Ferne.

Hallentennis, Schlackerschnee.
Er bewahrt sich seine Kondition.
Sport und Fahrradtouren,
Bergwanderungen im Sommer.
Er bewahrt sich seine Kondition,
wandert bergauf, bergauf.
Auf dem Fahrrad durch den Schlackerschnee,
trampeln, trampeln, er schafft es.
Kondition.

Regen schlägt ans Fenster,
platscht auf die Steine,
klatscht und trieft vom Dach,
rauscht auf dem Weg.
Auf den Bänken, auf dem Rollstuhl
In der warmen Halle sitzen und warten sie,
schauen aufs Blättertreiben,
auf den Schlagregen draußen,
aufs Kommen und Gehen,
horchen auf den Schlag der Uhr, die Glocken,
warten aufs Essen, flüstern vor sich hin,
strecken den Betreuern die Arme entgegen.

Advent, Advent. Macht hoch die Tür...
Erinnern, verschwimmend.
Wie ihr Glöckchenspiel klingt,
sie lächelt vergnügt,
wie er aufs Becken trommelt,
stolz um sich blickt,
wie sie die Flöte an die Lippen setzt
und bläst und strahlt.
Wie es tönt von allen Plätzen,
wie sie horchen, konzentriert,
ihr Instrument erproben.
Wenn die Geschwister zum gemeinsamen Konzert
flöten, geigen, welches Glücksgefühl.

Tiefstand der Sonne am Nachmittag,
flutendes Leuchten.
Frühes Dunkel, am frostigen Himmel
Funkeln und flimmern die Sterne.
Die sanfte Geduld der Wartenden:
Sie verweigert die Speise,
lächelt matt, stummer Zuspruch, Händedruck.
Sie wartet geduldig, sie betet,
voll Hoffnung, voll Zuversicht.
Sturm tanzt und singt ums Haus,
rüttelt am Fensterladen.
Horchen, Bangen.
Eiseskälte, Frösteln.
Kauzruf im kahlen Geäst...
Sturm tanzt und singt um das Haus.

INGEBORG HUBERTI
geb. Koepchen

1923 -2003

Kindheit in Nordhorn
Studium der Geschichte, Germanistik, Philosophie
in Leipzig, Marburg, Münster
Lehrerin am Gymnasium bis 1985
lebte in Erkrath
verheiratet, zwei Kinder
Seit 1985 im Literaturkreis Era
Lesungen, Literaturtelefon
Veröffentlichungen:
Bergische Taschenliteratur
Tiefengestein, Lyrik, Fulda: VFA, 1997
Gesicht hinter den Scheiben, Lyrik und Prosa, Fulda:
VFA, 1998
Weggabeln - Wegmarken, Lyrik, Norderstedt,
Books on Demand GmbH, 2001

INHALTSVERZEICHNIS